I0490005

Dein eigenes

Business

Was tun, um durchzustarten

-

Schritt für Schritt Anleitung

Autor

Der Business Coach

2. Auflage 2021

Inhaltsverzeichnis

Vorwort

Die Kollegen am Arbeitsplatz können nerven und der Chef ist cholerisch. Vielleicht hast du aus diesen oder ähnlichen Gründen schon öfter darüber nachgedacht in die Selbständigkeit zu wechseln und dein eigenes kleines Unternehmen zu gründen. Du könntest dein Arbeitspensum selbst bestimmen und die Arbeit durchführen, die dir wirklich Spaß macht. Allerdings fehlt einem oft der Mut und man weiß im Grunde gar nicht, wo man anfangen soll. Aber mit ein bisschen Entschlossenheit kann man diese Hürde leicht meistern. Man muss auch keine einzigartige und innovative Idee haben. Es gibt ausreichend konventionelle Geschäftsmodelle, die in der Praxis für viele Menschen funktionieren. Egal für was du dich entscheidest, einige Grundlagen sind immer gleich und diese Basics wirst du in diesem Buch kennenlernen. Neben den persönlichen Eigenschaften, die du mitbringen solltest, wirst du auch über fachliche Vorgänge informiert. Von den formellen Prozessen, den Versicherungen, dem Business Plan bis hin zu Förderungen und Steuern wirst du in diesem Buch durch den Weg zu deinem eigenen Start Up geleitet. Dieses Buch ist ein Ratgeber und ein Wegweiser für dich, der dich sicher zu deiner Existenzgründung bringt.

Warum in die Selbstständigkeit gehen

„Alle Träume können wahr werden,

wenn wir den Mut haben, ihnen zu

folgen. "

Walt Disney
Amerikanischer Trickfilmzeichner und
Filmproduzent (1901-1966)

Es gibt viele Gründe, weshalb man in die Selbständigkeit gehen möchte. Aber einer der wichtigsten Gründe ist die Leidenschaft. Die Leidenschaft, hinter seiner eigenen Idee zu stehen.

Vielleicht kennst du die Situation, in der du an deinem Arbeitsplatz sitzt und keine Motivation hast etwas zu tun und dich nicht wohl fühlst. Du fühlst dich unter Umständen träge und antriebslos oder auch gestresst. Wagt man den Schritt in die Selbständigkeit, hat man eine Idee oder ein Geschäftsmodell, hinter dem man steht. Durch diese motivierende Leidenschaft fällt einem vieles leichter und man hat den Ehrgeiz etwas zu erreichen. Weiß man, dass man hinter seiner Idee steht, kommen mit dieser Tatsache einige weitere Vorteile des selbstbestimmten Arbeitens. Eventuell siehst du auch so einen Sinn in deiner Tätigkeit. Du kannst eventuell etwas mit deiner Idee verbessern. Es muss nicht gerade die ganze Welt verändern, aber wenn du selbst dadurch mehr Motivation, Ehrgeiz und Freude am Job entwickelst, ist das ein enormer Schritt nach vorne.

Ist man Selbständig, so ist man natürlich auch sein eigener Chef. Man hat keine Vorgesetzten und kann selbstbestimmt Arbeiten. Du bestimmst deinen Workload und deine Arbeitszeiten selbst. Du befreist dich von dem starren Modell eines Angestelltenverhältnisses.

Auch die Work-Life-Balance spielt hier eine Rolle. Es ist mit einem üblichen Vollzeitjob nicht immer möglich die Familie zu sehen und die Freizeit leidet auch oft. Bist du dein eigener Chef, hast du die Möglichkeit all das selbst und frei zu bestimmen. Auch persönlich bringt es einem viel, wenn man den Schritt in die Selbständigkeit wagt. Man lernt neue Dinge, steht vor großen Herausforderungen und versucht diese bestmöglich zu meistern und die Lösungen zu all diesen Problemen bringen einen beachtlichen Fortschritt für deine persönliche Entwicklung. Entscheidest du dich irgendwann dazu, nicht mehr selbständig zu arbeiten und möchtest wieder in ein Angestelltenverhältnis wechseln, kannst du mit den erreichten Zielen deiner selbständigen Tätigkeit bessere Chancen auf dem Markt der Bewerber erwarten.

Im Grunde baust du etwas Eigenes auf, auf das du natürlich stolz sein kannst. Du hast vielleicht eine Idee mit Wachstumspotenzial und siehst, wie sich deine kleine Unternehmung zu etwas größerem formt. All das beobachtest du und du kannst stolz sein und sagen, dass du das allein erschaffen hast, mit einer Idee, hinter der du auch vollkommen stehst.

Quoten in Deutschland

„Unsere größte Schwäche liegt im

Aufgeben. Der sichere Weg zum

Erfolg ist immer, es doch noch

einmal zu versuchen."

Thomas Alva Edison
Amerikanischer Erfinder und Unternehmer
(1847-1931)

Wie viele wollen sich selbstständig machen

Von den 90ern an gab es einen regelrechten Boom an Menschen, die sich selbständig gemacht haben. Seit dem Jahr 2012 erkennt man allerdings eine Stagnation dieses Trends. Es gibt in Deutschland derzeit ca. 4 Millionen Selbständige. Das entspricht ca. 10% aller Erwerbstätigen.

Man beobachtet auch, dass sich mehr Leute in der Selbständigkeit befinden, die ein höheres Qualifikationsniveau besitzen. Allerdings muss man hier sagen, dass dies auch berufsabhängig ist. Bei Medizinern beispielsweise ist es teilweise Voraussetzung, dass diese sich nur selbständig machen dürfen, wenn sie einen Universitätsabschluss haben. Unter den Selbständigen sieht man auch, dass sich mehr Männer für den Schritt in die Selbständigkeit entscheiden. Unter den erwerbstätigen Männern haben sich 12% selbständig gemacht, bei den Frauen waren es nur ca. 7%. Betrachtet man die Altersstruktur sieht man, dass die Quote der selbständig arbeitenden Personen in den hohen Altersgruppen enorm steigt. Diese Werte können allerdings trügen, da die Basis die Anzahl aller Erwerbstätigen ist und in hohem Alter weniger Menschen erwerbstätig sind. Die Berufsgruppe „Geschäftsführung und Vorstand" führt die Liste der Berufe an, in denen die meisten Personen selbständig sind. Auf dem zweiten Platz liegen Human- und Zahnmediziner, gefolgt von Berufen in der Landwirtschaft.

Trotz der rückläufigen Zahlen, gilt jedoch immer noch, dass sich ca. jeder Dritte selbständig machen möchte und vor allem bei jüngeren Personen ist der Anteil etwas höher. Vielleicht bist Du auch bald Teil dieser Statistik und wirst als Selbständiger in dieser Datenanalyse aufgenommen.

Wie viele scheitern

Was sind Risiken

Man sollte die weniger schönen Seiten der Selbständigkeit allerdings nicht aus den Augen verlieren. Das selbständige Arbeiten und die Freiheiten, die damit einhergehen, können auch negative Auswirkungen haben. Einer der negativen Aspekte ist die psychische Belastung, die auftreten kann. Ist dein Workload zu hoch oder machst du dir zu viel Stress, kannst du dich schnell überfordern. Außerdem darfst du keine Absicherung durch den Arbeitgeber erwarten, denn du bist dein eigener Chef. All das sind keine K.O.-Kriterien, die dich von dem Schritt in die Selbständigkeit abhalten sollen. Für all diese Punkte gibt es Gegenmaßnahmen, die man treffen kann.

Am Anfang trifft man allerdings immer auf die Schwierigkeit, dass man kein geregeltes Einkommen hat und das sollte man von Beginn an beachten, unter anderem in deinem Finanzplan. Der Grund, warum viele Start Ups scheitern ist die fehlende Planung. Eine detaillierte Planung ist das A und O eines guten Starts in die Geschäftswelt. Hat man die Finanzen geplant, muss man auch überlegen, wie man Kunden akquiriert. Wenn diese Pläne stehen, hast du schon mal eine sehr gute Basis. Man kann sagen, dass ca. 7 von 10 Start Ups scheitern. Die Gründe liegen oft in einer fehlenden Branchenkenntnis, einer mangelhaften Vermarktung oder einem nicht ausreichend durchdachten Finanzierungsplan. Wie du sicher erkennst, sind das alles Punkte, die man mit einer detaillierten Planung abdecken kann. Führst du diese Planung durch, kannst du diese Risiken minimieren.

Natürlich musst du dich selbst auch einschätzen. Hast du ausreichend Selbstdisziplin und Motivation? Bringst du die nötigen Kompetenzen mit? Wie bewertest du dein Arbeitsverhalten? Du kannst dir all diese Fähigkeiten im Laufe der Zeit aneignen und mit deinen Herausforderungen wachsen. Du darfst dich hierbei aber selbst nicht überschätzen. Befasse dich mit dir und mache dir bewusst, welche Stärken du hast. Diese kannst du fördern und deine Defizite ausgleichen.

Auf den ersten Blick können diese Risiken abschreckend wirken, aber wenn man sich den Risiken bewusst ist und man sich überlegt, was man unternehmen kann, damit sie nicht zu einer Beeinträchtigung werden, kann man sich so eine Sicherheit schaffen. Die Risiken wirken daraufhin weniger schlimm und stellen ein leicht überwindbares Hindernis dar.

Welche Motive gibt es, sich selbstständig zu machen

Es gibt diverse Beweggründe, die einen dazu bringen können, ein eigenes Start Up aufzubauen. Ein schlechtes Arbeitsklima, ein schwieriger Chef oder der Alltagstrott im Beruf können ausschlaggebende Gründe sein, die einen dazu bringen können, sein eigenes Unternehmen zu gründen. Um den ersten Schritt zu gehen benötigt man ein wenig Mut und Motivation. Man unterscheidet bei der Motivation zwischen der extrinsischen und der intrinsischen Motivation. Extrinsische Motivation, sind die Anreize, die einen von außen zu etwas antreiben. Die intrinsische Motivation hingegen beschreibt den Antrieb, der aus dem eigenen Inneren kommt.

Viele, die ein Start Up gründen wollen, haben eine Idee, die sie verwirklichen möchten. Aber auch die Selbstbestimmung liegt vielen am Herzen und die Leute lieben die Idee, ihr eigener Chef zu sein. Andere mögen Herausforderungen und wollen neue Erfahrungen sammeln. Vielleicht sind die Leute auch nur unzufrieden in Ihrem jetzigen Job und wollen aus dem Alltag ausbrechen. Aber auch die Aussicht auf ein größeres Einkommen wirkt anziehend und die Chance etwas Neues zu erleben, sich selbst auszuprobieren und festzustellen, wozu man selbst in der Lage ist. Es kann gut sein, dass du dich in einem dieser Gründe findest. Wenn du dein Motiv kennst, das dich antreibt, erfüllst du eine wichtige Voraussetzung, die dich weiterbringt. Du musst immer hinter deiner Idee stehen und wenn du die Leidenschaft für dein Unternehmen zeigst, hast du mehr Chancen erfolgreich zu sein.

Vor- und Nachteile

„Die Freiheit des Menschen liegt

nicht darin, dass er tun kann, was

er will, sondern, dass er nicht tun

muss, was er nicht will."

Jean Jacques Rousseau
Genfer Schriftsteller, Philosoph, Pädagoge,
Naturforscher und Komponist (1712-1778)

Finanzielle Freiheit

Die Definition von finanzieller Freiheit ist im Grunde eine individuelle Einschätzung. Du musst dir Gedanken darüber machen, was der Begriff finanzielle Freiheit für dich bedeutet. Ein regelmäßiges passives Einkommen, auf das man sich immer verlassen kann, könnte genauso finanzielle Freiheit sein, wie die Millionen, die bereits auf dem Konto liegen.

Auch das eigene Lebensziel spielt eine Rolle. Ist dein Traum eine Familie und ein Haus oder möchtest du vielleicht früher in Rente gehen? Aber eines ist sicher: die finanzielle Freiheit bedeutet, dass du unabhängig bist. Du bist nicht auf einen Arbeitgeber oder den Staat angewiesen. Um diese Unabhängigkeit zu erlangen, ist man allerdings erst einmal darauf angewiesen abhängig zu sein. Durch einen Job verdient man Geld und der Verdienst kann mit der Zeit steigen.

Als nächsten Schritt sollte man einen Teil des Entgelts sparen. In der Regel sagt man, dass man 20% des Gehalts sparen sollte. Hat man Geld angespart, kann man dieses investieren. Dafür gibt es natürlich einige Möglichkeiten und Geldanlagen, so wie Aktien oder Immobilien. Aber auch die Gründung eines Start Ups ist eine Investition. Es gibt Investitionen, die ein höheres Risiko haben als andere. Man kann aber sagen, dass bei einem höheren Risiko im Erfolgsfall höhere Gewinnchancen zu erwarten sind. Viele machen sich auch das passive Einkommen zu Nutze. Das passive Einkommen, ist eine Einkommensquelle, bei der, nach ein wenig Initialaufwand, Einnahmen erwirtschaftet werden, ohne weiter großartig Zeit zu investieren. Allerdings ist dieser Initialaufwand oft sehr groß und das passive Einkommen reicht häufig nicht aus, um seinen Lebensstandard zu halten. Das Verfassen von Büchern, bzw. E-Books oder der Verkauf von Produkten über einen anderen Onlinehändler sind Arten des passiven Einkommens.

Es ist zwar möglich eine komplette finanzielle Freiheit zu erlangen, der Weg dahin kann aber schwierig sein. Nach einer geeigneten Zeit, um Geld anzusparen und gut überlegten Investitionen ist dies allerdings machbar, wenn es auch oft mit Verzicht einhergeht.

Freie Zeiteinteilung

Die freie Zeiteinteilung stellt einen der größten Vorteile in der Selbständigkeit dar. Du kannst selbst bestimmen, wann du Aufgaben erledigst und wann du Feierabend machst. Es ist egal, ob du bereits früh morgens anfangen möchtest zu arbeiten oder erst am Abend.

Wenn du selbständig bist, kannst du dir deine Arbeitszeit selbst einteilen. Aber genau das kann auch zu deinem Nachteil werden. Beweist man hier kein Organisationstalent, wird es schwierig seine festgesetzten Ziele zu erreichen. Es kann zum einen sein, dass du völlig in deiner Arbeit versinkst und an nichts anderes mehr denkst und nichts anderes mehr tust. So wird es schwierig für dich genügend erholsame Freizeit zu finden.

Auf der anderen Seite ist es möglich, dass man viele Aufgaben vor sich herschiebt und dann am Ende in Stress gerät. Es ist ratsam, dass man sich trotz der Freiheit der selbstbestimmten Zeiteinteilung feste Arbeitszeiten setzt, an die man sich hält. So erhält man eine Routine, die einem den Tagesablauf leichter macht.

Hierzu sollte man die Zeiten berücksichtigen, in denen man auch produktiver ist. Bist du ein Morgenmensch oder eher die Nachteule? Beachte das in deiner Planung und denk daran, dir entsprechend deine Freizeiten einzuplanen. Während deiner Arbeitszeit solltest du Ablenkungen vermeiden und es ist enorm wichtig, dass du nicht prokrastinierst. Vor allem die unliebsamen Aufgaben schiebt man gerne nach hinten, aber diese Aufgaben sind oft die wichtigsten. Kurze und schnelle Aufgaben sollte man sofort erledigen. Das motiviert und es entsteht weniger Druck. Halte dich aber nicht immer an den kleinen Aufgaben auf und versuche nicht alles perfektionistisch zu erledigen.

Laut dem Pareto-Prinzip benötigst du für die letzten 20% einer Tätigkeit 80% der Zeit. Hängt man sich aber zu sehr am „letzten Schliff" auf, kann das andere Aufgaben negativ beeinflussen. Zeige Selbstdisziplin und ein wenig Organisationstalent und die freie Zeiteinteilung wird dir dann nicht zum Verhängnis.

Wachstum selbst bestimmbar

Bist du erfolgreich mit deinem Unternehmen, kannst du weiterwachsen und dein Geschäft ausbauen. Du kannst das Wachstum deines Unternehmens selbst bestimmen. Vielleicht planst du etwas großes und strebst eine schnelle Expansion an oder du willst es klein halten. Das geht alles, denn du bist dein eigener Chef und entscheidest selbst, was für dich und dein Start Up das Richtige ist. Du solltest immer dein Ziel vor Augen haben. Für ein erfolgreiches Wachstum solltest du auch strukturiert vorgehen. Es kann auch passieren, dass du Fehler machst. Aber das ist nichts Schlechtes, denn aus Fehlern lernst du und du wirst dadurch nur besser.

Du kannst Wachstum durch mehrere Faktoren erreichen. Du kannst neue Geschäftsfelder und Marktgebiete aufnehmen, mehr Marketing durchführen oder deinen Vertriebsleistung verbessern. Du erreichst eine höhere Diversifizierung in deinem Angebot und erhältst eine höhere Kundenbindung und Attraktivität. Das Risiko, auf das du dich bei einem Wachstum einlässt, ist allerdings, dass es oft zu Fehlkalkulationen kommt. Entsprechend sind eine regelmäßige Überwachung und Controlling wichtig und wenn man merkt, dass etwas aus dem Ruder läuft, sollte man gegensteuern. Behalte immer deine Kennzahlen im Auge. Wenn du wachsen willst, mache es nicht nur, um groß werden zu wollen, sondern achte darauf, dass dein Geschäft immer profitabel bleibt und mache es nur, wenn du auch selbst wirklich willst, dass dein Unternehmen größer wird.

Was sollte ich mitbringen

„Alle wollen die Welt verändern,

aber keiner sich selbst."

Lew Nikolajewitsch Tolstoi
Russischer Schriftsteller (1828-1910)

Welche Eigenschaften sind wichtig

Du hast bereits von einigen Eigenschaften gelesen, die für ein erfolgreiches Startup wichtig sind. Für die Selbständigkeit ist ein hohes Maß an Selbstdisziplin erforderlich. Du erlangst zwar viele Freiheiten, du musst allerdings immer diszipliniert die anfallende Arbeit erledigen. Du solltest es schaffen dich nicht ablenken zu lassen, dich voll auf deine Arbeit zu fokussieren, To-do-Listen abzuarbeiten und auch nach deinem Arbeitsende abschalten zu können.

Eine weitere Eigenschaft, die zum Erfolg führt, ist die Methodenkompetenz. Sie beschreibt Vorgehensweisen, Strategien und Techniken, die zum Erreichen eines Ziels notwendig sind. Beherrschst du Zeitmanagement, kannst du analytisch denken und kannst dich selbst gut organisieren, hast du schon passende Voraussetzungen, um in die Selbständigkeit zu gehen. Aber selbst, wenn du diese Tools noch nicht anwenden kannst, kannst du dir diese immer aneignen. Wendest du diese Methoden an, fällt dir während des Arbeitens vieles leichter und du kannst die Arbeit effizienter gestalten. Du solltest auch selbstbewusst sein, um ein Unternehmen zu gründen.

Wenn du an dir und deinen Ideen zweifelst, kannst du dir sicher sein, dass du wenig Erfolg haben wirst. Aber auch mit Misserfolgen solltest du rechnen. Diese passieren hin und wieder und dessen solltest du dir bewusst sein. Ein solcher Niederschlag ist nichts Schlimmes und er bringt dich im Grunde auch ein bisschen weiter. Deine optimistische Einstellung sollte aber immer überwiegen und du solltest Kreativität beweisen. Du solltest also eine ganze Bandbreite an Eigenschaften mitbringen, die dich auf deinem Weg unterstützen werden.

Welche Varianten gibt es

Kleingewerbe für den Einstieg

Ein Kleingewerbe betreibt man, wenn man sich mit seinem Unternehmen nicht im Handelsregister eintragen lässt. Es werden ca. 80% aller neu gegründeten Firmen als Einzelunternehmung gegründet. Der Begriff Einzelunternehmen beschreibt den Fall, wenn eine Person ein Unternehmen allein gründet und allein führt, also eine selbständige Tätigkeit ausübt. Wer ein solches Einzelunternehmen führt, wird als Inhaber bezeichnet. Der Begriff Einzelunternehmen beinhaltet mehrere Rechtsformen, u. a. auch das Kleingewerbe. Ebenso zählen Freiberufler dazu sowie 1-Mann-Gesellschaften oder eingetragene Kaufleute. Der Freiberufler ist eine Sonderform und wird im Einkommensteuergesetz geregelt. Die sogenannten Katalogberufe, darunter zählen z. B. Ärzte, Ingenieure oder Anwälte, müssen als freiberufliche Tätigkeit ausgeführt werden.

Die Gründung eines Kleingewerbes ist auch als Gesellschaft bürgerlichen Rechts möglich, insofern man die Gründung nicht allein vornimmt. Es gilt allerdings, dass man als Kleingewerbebetreibender einen Umsatz von 600 000 Euro oder einen Gewinn von 60 000 Euro nicht überschreiten darf. Ist das dennoch der Fall, ändert sich automatisch die Rechtsform. Die GbR wird zu einer OHG und der Einzelunternehmer wird zum eingetragenen Kaufmann.

Ein Vorteil des Kleingewerbes ist die schnelle Gründung, die im Grunde recht formlos über die Bühne gebracht werden kann. Ebenfalls benötigst du kein Startkapital.

Die Buchhaltung ist vereinfacht, denn die doppelte Buchführung entfällt. Darüber hinaus genießt man in den Anfangsjahren geringere Mitgliedsbeiträge bei der Handwerkskammer oder der Industrie- und Handelskammer. Da es kein Startkapital gibt, ist es allerdings auch nicht möglich Investoren einsteigen zu lassen, man gewinnt dadurch aber einen hohen Grad an Selbstbestimmung. Auch die Haftung hält einige davon ab, ein Einzelunternehmen zu gründen. In der Regel haftet der Einzelunternehmer uneingeschränkt. Das bedeutet, dass er auch mit seinem Privatvermögen haftet.

Eine Haftung kann in Folge eines Schadensersatzes oder bei einer Insolvenz eintreten. Dieses Risiko wird ausgeschlossen, wenn man eine 1-Mann-Gesellschaft gründet. Diese ist ein Sonderfall und gilt als Kapitalgesellschaft und haftet entsprechend nur mit dem Gesellschaftsvermögen. Allerdings werden z. B. von der Bank Sicherheiten wie beispielsweise die Privatimmobilie gefordert und man muss hierfür ein hohes Startkapital (zu Beginn 12.500€) in das Unternehmen einbringen.

Gewerbearten und Rechtsformen

Die Begriffe GbR, GmbH oder OHG kennst du vielleicht schon. Wenn du ein Start Up gründen möchtest, solltest du dir darüber bewusst sein, welche Rechtsform am besten zu dir und deinem Start Up passt. Man unterscheidet zwischen Personen- und Kapitalgesellschaften. Personengesellschaften werden auch als natürliche Person und Kapitalgesellschaften als juristische Person bezeichnet.

Die Gesellschaft bürgerlichen Rechts (GbR), die Offene Handelsgesellschaft (OHG), die Kommanditgesellschaft (KG) sowie einige Mischformen, wie die GmbH & Co. KG gelten als Personengesellschaften. Die Gesellschaft mit beschränkter Haftung (GmbH), die Aktiengesellschaft (AG) und die Kommanditgesellschaft auf Aktie (KGaA) zählen zu den Kapitalgesellschaften.

Es gibt auch andere Rechtsformen, wie z. B. ein eingetragener Verein oder eine Genossenschaft. Diese werden allerdings nicht wie die Personen- oder Kapitalgesellschaften im Handelsregister eingetragen, sondern in ihren eigenen Verzeichnissen. Diese Sonderformen spielen bei der Gründung eines Start Ups aber in der Regel keine Rolle. Die größte Rolle bei der Gründung eines Start Ups spielen die GbR, die GmbH und die Einzelunternehmung. Da wir die Einzelunternehmung, bzw. das Kleingewerbe bereits besprochen haben, gehen wir auf die anderen beiden Rechtsformen ein.

Als Gesellschaft mit beschränkter Haftung (GmbH) werden etwa 10% der Startups gegründet. Ist man Geschäftsführer einer GmbH handelt man auch im Namen dieses Unternehmens. Der große Vorteil einer GmbH liegt in der Haftung. Man haftet nicht mit seinem Privatvermögen. In der Regel wird die GmbH von mehreren Personen, den Gesellschaftern, gegründet.

Es ist allerdings auch möglich, eine sogenannte „1-Mann-GmbH" zu gründen. Gründet man eine GmbH mit Gesellschaftern, ist ein Gesellschaftervertrag notwendig. Er enthält die Angabe des Firmennamens, den Sitz und Zweck der Firma, die Höhe des Stammkapitals, und die Anzahl der Gesellschafter inklusive der Höhe der Einlagen in das Stammkapital, das sie mit in die Gesellschaft einbringen. Das Mindeststartkapital bei der Gründung muss 25.000€ betragen. Unter notarieller Aufsicht wird der Gesellschaftervertrag von den Gesellschaftern unterschrieben. Der Notar meldet die GmbH daraufhin im Handelsregister an. Vorher muss er einen Nachweis über die Einzahlung des Startkapitals auf das Geschäftskonto erhalten haben. Der Buchhaltungsaufwand einer GmbH ist erhöht. Man muss doppelte Buchführung betreiben und Bilanzen müssen erstellt und veröffentlicht werden.

Eine Sonderform der Gesellschaft mit beschränkter Haftung ist die Unternehmergesellschaft (UG). Mit einem niedrigeren Startkapital ist es möglich eine UG zu gründen. Man bezeichnet sie auch als „Mini-GmbH". Durch dieses verminderte Startkapital hat eine UG aber nicht so ein hohes Ansehen und das Risiko einer Insolvenz ist erhöht. Man hat auch oft höhere Gründungsformalitäten als bei einem Einzelunternehmen und die Gewinnausschüttung an die Gesellschafter kann nicht in vollem Maß stattfinden. Gründet man anstatt eines Handelsgewerbes ein gemeinnütziges Unternehmen, kann man eine gGmbH (gemeinnützige GmbH) zu gründen. Sie muss einen gemeinnützigen Zweck verfolgen, aber sie darf wirtschaftlich handeln, im Gegensatz zu einem eingetragenen Verein. Verbreitet ist diese Unternehmensform bei Krankenhäusern oder Sozialstationen.

Der große Vorteil der Gesellschaft mit beschränkter Haftung ist also, dass man nicht mit dem Privatvermögen, sondern nur mit dem Gesellschaftsvermögen haftet. Man kann sich Investoren suchen, die als Gesellschafter in das Unternehmen einsteigen können. Das Startkapital ist allerdings hoch und die Buchhaltung ist mit mehr Aufwand verbunden. Man muss auch seine Bilanzen offenlegen und ist so transparent.

Wesentlich einfacher als die Gründung einer GmbH ist die Gründung einer GbR. Die Gesellschaft bürgerlichen Rechts ist eine Personengesellschaft, die mit Partner gegründet wird. Sie ist das Gegenstück zur Einzelunternehmung. Man gründet eine GbR, indem man sich mit mindestens einer anderen Person zusammenschließt und einen wirtschaftlichen Zweck verfolgt. Man meldet die GbR beim Gewerbeamt an. Die Haftung der GbR geht über das Gesellschaftsvermögen hinaus und die Gesellschafter haften auch mit ihrem Privatvermögen. Für die Gründung benötigt man kein Startkapital. Es wird auch empfohlen einen Gesellschaftervertrag aufzusetzen. Dies ist allerdings gesetzlich nicht vorgeschrieben. Es ist bei einer GbR auch nicht möglich als Investor einzusteigen. So wird die Finanzierung erschwert. Auch als Freiberufler kann man im Zusammenschluss mit anderen Freiberuflern eine solche Gesellschaft gründen.

Geschäftsmodelle

Wenn du eine Idee für dein Start Up gefunden hast, ist das ein erster wichtiger Schritt. Entscheidest du dich dann dafür ein Unternehmen zu gründen, solltest du dir ein Geschäftsmodell überlegen. Ein Geschäftsmodell beschreibt die Funktionsweise eines Unternehmens. Das Geschäftsmodell enthält keine Zahlen, stellt aber auch eine wichtige Grundlage für den Business Plan dar. Einige gängige Geschäftsmodelle sind: Freemium, Abonnements, Belohnung von Kundentreue, Flatrate, Franchising, Lizenzmodelle und Direkt-, bzw. Indirektverkauf. Diese Modelle müssen zu dir, den Zielen und Werten deines Start Ups und den angebotenen Produkten oder Dienstleistungen passen.

Aber warum ist das Geschäftsmodell wichtig? In ihm ist das Grundprinzip und die Identität eines Unternehmens festgelegt. Ebenfalls wird Sinn und Zweck und die Daseinsberechtigung des Unternehmens dargestellt. Folgende Kernfragen solltest du in deinem Geschäftsmodell beantworten:

- Was begeistert die Kunden?
    - Kundennutzen
- Wie schaffen wir Begeisterung?
    - Geschäftsstruktur
- Wie verdienen wir Geld?
    - Ertragsmodell
- Wer ist im Team und welche Werte vertreten wir?
    - Unternehmergeist

Die Fragen stammen aus dem *Business Model Canvas* nach *Patrick Stähler*. Diese Fragen solltest du aus der Sicht des Kunden beantworten. Das *Business Model Canvas* ist simpel aufgebaut und die Bausteine können verknüpft werden. Das macht es zu einem hilfreichen Tool.

1. Kundennutzen

Beim Kundennutzen sollte man sich Gedanken darüber machen, wie man die Aufmerksamkeit der Kunden auf ein Produkt oder eine Dienstleistung zieht. Hier kann man das Wort Kundennutzen auch in seine zwei Wortbestandteile Kunde und Nutzen trennen und einzeln betrachten. Du solltest eine Kundenzielgruppe festlegen und dann den Nutzen feststellen, den du mit deinem Start Up bieten kannst. Die Kunden kaufen selten das Produkt oder die Dienstleistung, sondern den Mehrwert, der damit einhergeht.

2. Geschäftsstruktur

Die Geschäftsstruktur ist unterteilt in mehrere Teilbereiche und essenzielle Prozesse werden aufgegriffen. Man sollte sich fragen, wie man Begeisterung beim Kunden schaffen kann. Dann wird das Konzept weitergeführt und die Überlegung nach Vertriebswegen, Geschäftspartnern, Produktion und vorhandenen Kompetenzen werden hier angestellt.

3. Ertragsmodell

Einnahmen und Ausgaben werden hier berücksichtigt. Beachte die fixen und die variablen Kosten. Die Art der Einnahmen (regelmäßig, Provisionen, Umsatz pro

Kunde) und die Rücklagen werden auch aufgenommen. Man kann natürlich anfangs nicht immer eine konkrete Zahl in Bezug auf Einnahmen und Ausgaben nennen, aber eine grobe Einschätzung zur Planung sollte erfolgen.

4. Unternehmergeist

Der Unternehmergeist, der Spirit, die Corporate Identity. Das sind die Begriffe, die diesen Baustein prägen. Hier geht es um die Werte und die Leitbilder deines Start Ups und das, wofür es steht. Legst du viel Wert auf Nachhaltigkeit oder ökologische Produkte oder orientierst du dich an hervorragendem Kundenservice? Vielleicht willst du auch die Funktionalität deiner Produkte in den Vordergrund stellen. Planst du Mitarbeiter zu beschäftigen, findet in diesem Punkt die Teamplanung einen Platz. Die Strukturierung am Arbeitsplatz und die benötigten Kompetenzen der Mitarbeiter sind hier von Wichtigkeit.

Hast du dein Geschäftsmodell geplant, solltest du es kritisch analysieren. Es ist am besten, wenn du es anderen Leuten vorstellst und dir ein Feedback einholst. Von Anfang an ist es nicht möglich, direkt ein perfektes Geschäftsmodell aufzubauen, aber wenn du positives Feedback erhältst, bist du auf einem guten Weg und du kannst dein Modell in die Tat umsetzen. Prüfe deine Ziele immer wieder auf Realisierbarkeit. Du kannst dein Geschäftsmodell natürlich immer überarbeiten, denn es ist dynamisch und kann leben. Je nach Marktlage musst du Anpassungen vornehmen. Eine Anpassung an einem Baustein, hat allerdings Auswirkungen auf die anderen Bausteine. Deswegen ist das Modell immer im Gesamten anzusehen.

Richtige Vorbereitung

Eine gute Vorbereitung und Planung sind das A und O für die Gründung eines Start Ups. In diesem Buch stehen bereits einige Punkte, die du beherzigen solltest, aber wir gehen hier auf einige Themen ein, die sonst in keinem separaten Kapitel behandelt werden.

Am Anfang solltest du dir erstmal ein wenig Fachwissen aneignen. Es ist nicht schlimm, wenn du noch keine Berührungspunkte mit der Businesswelt hattest. Du kannst dir immer das Entsprechende Wissen aneignen. Scheue dich nicht davor Beratungen in Anspruch zu nehmen. Gründungsberater helfen dir auf deinem Weg zur Gründung, aber auch Berater für die jeweilige Branche können von Vorteil sein. Solltest du aus einer anderen Branche kommen ist das aber nicht immer schlecht. Es kann gut sein, dass du diese Branche aus einem anderen Blickwinkel betrachtest und so neue Ideen entwickeln kannst.

Versuche so gut es geht ein passendes berufliches Netzwerk aufzubauen. Networking ist wichtig und durch Empfehlungen und Referenzen steigerst du dein Image bei den Kunden und bei Geschäftspartnern und Investoren. Soziale Netzwerke können dir dabei Unterstützung bieten, aber der persönliche Kontakt ist oft besser. Versuch authentisch zu sein und verstell dich nicht. Falls möglich kannst du auch ein Praktikum oder eine ähnliche erfahrungsbringende Aktivität bei einem Start Up machen. Suche dir einen Gründerberater, einen Versicherungsmakler und einen Steuerberater und hol dir die passende Unterstützung. Du kannst leider nicht alles wissen und die Experten können dir genau sagen, was du tun musst und dir weitere Empfehlungen geben. Auch für dein Netzwerk können diese Kontakte sinnvoll sein. Durch das Aufbauen eines Netzwerks kannst du auch Kooperationen mit anderen Unternehmen aufbauen. Dadurch gelingt dir ein Wissensaustausch und du hast mit ein bisschen Glück die Möglichkeit auf ein Joint Venture.

Überlege dir, wo dein Unternehmensstandort sein soll. Das ist von zentraler Bedeutung. Beachte hier auch deine Zielgruppe. Vielleicht planst du nur ein Online-Business aufzubauen. Entsprechend ist der Aufwand der Standortsuche nicht sehr aufwändig. Planst du aber Produkte zu verkaufen und benötigst ein Lager, solltest du dir spätestens im Zuge der Logistikplanung einen passenden Standort suchen.

Denk dir einen guten und prägnanten Namen aus. Er spielt eine zentrale Rolle im Marketing, der Kundengewinnung und dem Image deines Startups. Aber auch Geschäftspartner oder Investoren lassen sich vom Namen beeinflussen. Je nach Rechtsform gibt es andere Anforderungen an den Firmennamen. Gegebenenfalls herrscht eine Klarnamenpflicht und du darfst unter Umständen keinen Fantasienamen verwenden. Du solltest vorher prüfen, ob der Firmenname bereits vorhanden ist. Das Unternehmensregister und die Markendatenbank des Deutschen Patent- und Markenamts sind hier eine gute Anlaufstelle. Die Industrie- und Handelskammern bieten einen Service zur Namensprüfung an. Am besten schaust du auch gleich, ob ein Internetauftritt mit diesem Namen möglich ist. Ähnliches gilt für ein Firmenlogo.

Sei dir generell im Klaren darüber, was es für dich bedeutet ein Start Up zu gründen und in die Selbständigkeit zu gehen. Es gibt viele Vorteile, aber es gibt auch Nachteile. Du solltest dir überlegen, ob du dazu in der Lage bist und ob du der Typ für eine Existenzgründung bist. Mit den richtigen Kompetenzen hast du einen riesigen Vorteil und beim fachlichen Wissen kannst du dir immer Unterstützung holen.

Prüfung der Geschäftsidee

*„Der Mann mit einer neuen Idee ist
ein Spinner, bis diese sich als
erfolgreich erweist.“*

Mark Twain
Amerikanischer Schriftsteller (1835-1910)

Marktanalyse

Im Grunde stellt die Marktanalyse einen Teil deines Businessplans dar. Du solltest darstellen, in welchem Markt du dich bewegen möchtest, wie er aussieht, welche Zielgruppe er bedient, welcher Umsatz dort erzielt wird und wie das Wachstumspotential ist. Die Marktanalyse bietet auch eine Grundlage für eine SWOT-Analyse (siehe Kapitel Businessplan). Den Markt zu analysieren ist wichtig, weil du mit vielen Informationen dein Business besser planen kannst und mit den Daten, die du über den Markt sammelst, kannst du Investoren leichter überzeugen in dein Start Up einzusteigen.

Zuerst solltest du deine Zielgruppe definieren. So stellst du fest, ob du es einen Markt für dein Produkt gibt und ob du dich von der Konkurrenz abheben kannst. Versuche die Zielgruppe dann noch detaillierter einzuteilen, z. B. nach demographischen, sozio-ökonomischen oder psychographischen Kriterien. Der Markt für dein Produkt sollte natürlich vorhanden sein. Wenn du den Markt falsch einschätzt, kann es sein, dass du mit deinem Start Up nicht erfolgreich bist. Beobachte und analysiere den Markt und schaue auch in die Zukunft und mache eine Marktprognose. Deine Konkurrenz und der Wettbewerb gehören auch zu dieser Analyse. Wie groß ist die Konkurrenz? Wie ist deren Marktposition? Hast du eine USP (Unique Selling Proposition = Alleinstellungsmerkmal)? Das Potenzial des Marktes beinhaltet unter anderem, wie leicht es für dich ist, in diesem Markt Fuß zu fassen. Vielleicht haben es Mitbewerber genauso leicht wie du. Schaue auch auf das Kaufverhalten der Kunden und schätze ein, wie dein Produkt im Laufe der kommenden Jahre an Beliebtheit gewinnen kann.

Der Schlüssel einer erfolgreichen Marktanalyse sind genaue Daten. Du kannst Primärforschung betreiben und die Daten selbst erheben. Diese sind dann aktuell und auf deine Bedürfnisse abgestimmt. Das ist aber zeitaufwändig und kostenintensiv. Bei den sekundären Quellen kannst du dich im Internet, in Fachmagazinen oder ähnlichen Medien informieren und auf vorhandene Auswertungen, Statistiken, Analysen und dergleichen zurückgreifen. Gehe immer strukturiert vor und stelle Überlegungen an, wie der Markt aus der Sicht von Dritten, beispielsweise Kunden oder Mitbewerbern, aussieht. Beobachte den Markt auch nach der Gründung immer weiter und beachte Trends oder die Stellung der Mitbewerber.

Businessplan

Der Businessplan ist das Herzstück für die Gründung deines Start Ups. Er enthält viele relevante Informationen und Daten. Deine Geschäftsidee, die Analyse des Markts, Produkte und Dienstleistungen, Unternehmensstrategie und Finanzen, Chancen und Risiken (SWOT-Analyse), Organisation und Struktur und das Marketing sind die Punkte, die im Businessplan aufgeführt und erklärt werden sollten.

1. Die Geschäftsidee

Von deiner Geschäftsidee und deinem Geschäftsmodell musst du überzeugt sein. Stelle dich und dein Produkt dar, erkläre dein Alleinstellungsmerkmal und den Kundennutzen deines Produkts. Einen Kundennutzen schaffst du vor allem, wenn du dein Problem löst.

2. Marktanalyse

Wie bereits beschrieben, wird in der Marktanalyse die Branche, die Zielgruppe und der Markt festgelegt und analysiert. Welche Erfolgschancen hast du und wie groß ist die Konkurrenz? Schätze die Potenziale ein und erstelle Prognosen.

3. Produkte und Dienstleistungen

Welches Produkt und welche Dienstleistung bietest du an? Greife hier noch einmal deine USP auf und bringe wenn möglich Bilder ein. Versuche auch die Vertriebswege abzubilden und die internen Prozesse, die mit dem Produkt zusammenhängen.

4. Unternehmensstrategie und Finanzplanung

Was ist dein Vorgehen, um erfolgreich zu werden. Warum bist du mit deinem Start Up besser als die anderen und wie willst du dein Start Up zum Wachsen bringen. Vielleicht strebst du auch Partnerschaften an. Führe auch Deckungsbeiträge und Umsätze auf, aber auch Ausgaben, beispielsweise die Stückkosten für dein Produkt.

Einen Finanzplan solltest du eigentlich separat erstellen, aber im Businessplan kannst du deine Finanzen noch einmal zusammengefasst darstellen. Einnahmen, Kosten, Eigen- und Fremdkapital, Finanzierungen, Förderungen und Investoren werden im Finanzteil aufgelistet. Du solltest auch Prognosen erstellen und die Szenarien für den Worst-Case und für den Best-Case aufzeigen.

5. Chancen und Risiken (SWOT-Analyse)

Mithilfe der SWOT-Analyse (**S**trengths, **W**eaknesses, **O**pportunities, **T**hreats) stellst du die Stärken und Schwächen und die Chancen und Risiken dar, die auf dich zukommen werden. Die SWOT-Analyse ist aufgeteilt in die Unternehmensanalyse und die Umfeldanalyse.

Inhalt der Unternehmensanalyse sind die Stärken und Schwächen (Strengths und Opporrtunities) und Inhalt der Umfeldanalyse die Chancen und Risiken (Opportunities und Threats). Mithilfe dieser internen und externen Faktoren kannst du auch eine entsprechende Strategie festlegen. Die Stärken sind die Punkte, die dein Unternehmen stark machen. Alleinstellungsmerkmale oder niedrige Fixkosten sind eine Stärke. Die Schwächen sind hingegen die Punkte, die ausbaufähig sind. Fehlende Erfahrung oder wenig Referenzen sind klassische Schwächen. Sie sind ein Nachteil für dich, können aber verbessert werden. Opportunities sind Chancen, die der Markt dir bietet. Trends und Innovationen können Vorteile für dich sein, die du dir zu Nutze machen kannst. Die Risiken (Threats) ist das, was am Markt gefährlich für dich werden kann. Es kann neue Konkurrenz auftreten, oder es kann Änderungen in der Rechtslage geben, die deine Planung zunichtemachen können.

6. Organisation und Struktur

Die Entscheidung welche Rechtsform du für dein Start Up verwenden möchtest, sollte schon gefällt worden sein. Der Standort und die interne Struktur sind von gleicher Bedeutung und die Verwendung von Lizenzen oder Markenrechten gehört auch unter diesen Punkt. Wie willst du dein Team aufbauen und wie soll es strukturiert sein? Vielleicht kannst du ein Organigramm einbauen.

7. Marketing

Die Marktanalyse und die Bausteine des Marketing-Mix werden erläutert. Welche Werbung setzt du ein, wie gestaltest du die Preise und über welchen Weg vertreibst du dein Produkt. Schaue hier in das Kapitel Marketing, um mehr zu erfahren.

Ziel definieren

Mit gesetzten Zielen kannst du deinen Erfolg messen. Versuche kurzfristige und mittelfristige Ziele für dein Start Up zu setzen.

Deine Ziele sollten nach dem SMART-Schema aufgebaut sein:

- **S**pezifisch
- **M**essbar
- **A**kzeptiert
- **R**ealistisch
- **T**erminiert

Du solltest also ein spezifisches Ziel genau beschreiben und festlegen. Der Output und das Erreichen des Ziels müssen messbar sein und das Ziel muss von allen akzeptiert werden, damit man zusammen das gleiche Ziel verfolgt. Das Ziel muss auch realistisch und erreichbar sein und es sollte terminiert sein. Versuche deine Ziele in quantitative und qualitative Ziele zu unterteilen. Quantitative Ziele können zum Beispiel die Steigerung des Umsatzes oder der Marktanteile sein. Bei den qualitativen Zielen kannst du erhöhte Kundenzufriedenheit, guten Service oder Umweltstandards mit aufnehmen. Versuche auch Meilensteine festzulegen und Zwischenkontrollen durchzuführen, die das Erreichen der Ziele sicherstellen.

Anhand der gesetzten Ziele kann man sehen, wo das Start Up hingehen will. Neben den unternehmerischen Zielen solltest du deine persönlichen Ziele nicht aus den Augen verlieren. Du solltest weiter motiviert bleiben und immer im Kopf haben, warum du dein Unternehmen gründen möchtest. Die finanzielle Freiheit und das selbstbestimmte Arbeiten sind nur zwei Beispiele dafür.

Zielgruppe

Anhand der Zielgruppe kannst du deine Produkte und Dienstleistungen und das Marketing perfekt ausrichten.

Eine Zielgruppe ist eine Gruppe von Personen, die potentielle Kunden für dein Start Up darstellen. Am besten ist es, wenn man eine homogene Gruppe bildet. Es ist wichtig eine spezifische Zielgruppe zu definieren, da es oft unmöglich ist, eine breite Masse an Kunden anzusprechen und zufriedenzustellen. Aber es ist auch wichtig, dass du deine Zielgruppe nicht zu eng setzt, da du mit Nischenprodukten nur wenig potentielle Käufer anziehst. Du solltest die Kunden möglichst genau beschreiben. Über sozio-ökonomische, psychographische oder demographische Merkmale kannst du Gruppen bestimmen.

Es ist auch wichtig die Entscheidung zu treffen, ob du den B2C (Business to Customer) oder den B2B (Business to Business) Markt ansprechen willst. Es ist normal, dass du am Anfang vielleicht noch kein klares Bild deines Musterkunden hast. Dieses Bild wird aber im Laufe der Zeit immer schärfer und du kannst Maßnahmen ergreifen, die den Kunden wirkungsvoller ansprechen. Mit ein bisschen Glück findest du eine Zielgruppe, die noch niemand bedient und du baust somit deinen Marktvorteil aus. Beachte auch, dass Kunden nicht nur das Produkt kaufen, sondern den Mehrwert, der mit dem Produkt kommt und auch die Werte, die du mit deinem Start Up vertrittst. In den letzten Jahren ist das Umwelt- und Nachhaltigkeitsbewusstsein stark gestiegen und Unternehmen, die Wert

darauf legen, bedienen durch diesen Trend eine wach-
sende Zielgruppe bewusster Käufer. Bei der Marktanalyse sammelst du Daten über Kunden und anhand dieser
Daten weißt du, wie sich z. B. das Kaufverhalten oder die
Altersstruktur in diesem Markt darstellen.

Marketing

Marketing sind die Tätigkeiten, die dir helfen, Kunden-absatz zu generieren. Dementsprechend wird das Marke-ting auch als Absatzwirtschaft bezeichnet. Mithilfe des Marketing-Mix kannst du dieses Ziel erreichen. Der Mar-keting-Mix sieht folgendermaßen aus:

- Produktpolitik
- Preispolitik
- Distributionspolitik
- Kommunikationspolitik

Hinter diesen Begriffen steht die Logik, dass das richtige Produkt zum richtigen Preis über den richtigen Distribu-tionsweg mit einer effizienten Kundenkommunikation angeboten wird. Das Marketing ist also weitaus mehr als die normale Werbung. Um erfolgreich im Marketing zu sein, müssen diese Teilbereiche aufeinander abgestimmt sein.

1. Produktpolitik

Die Produkte und Dienstleistungen deines Unternehmens stehen hier im Fokus. Die Verpackung, die Qualität und das Produktdesign müssen beachtet werden. Ein Produkt durchläuft immer einen Lebenszyklus, der aus den fol-genden Phasen bestcht:

- *Einführungsphase*
  - o Produkt kommt auf den Markt
  - o Geringe Bekanntheit, niedriger Umsatz
- *Wachstumsphase*
  - o Steigende Verkaufszahlen
  - o Anstieg des Umsatzes
- *Reifephase*
  - o Maximaler Umsatz
  - o Rückgang des Umsatzes
- *Sättigungsphase*
  - o Nachfrage sinkt
  - o Noch keine Verluste
- *Rückgangsphase*
  - o Sinkende Umsätze
  - o Vertrieb des Produkts ist nicht mehr rentabel

Nach der Einführung des Wachstums erreicht das Produkt seinen Zenit. Mit der Zeit sind die Umsätze rückläufig. Um Verluste zu vermeiden, muss man Änderungen durchführen. Für Änderungen im Produktsortiment gibt es Instrumente, wie die Produktvariation, die Produktdifferenzierung, die Innovation, oder die Eliminierung. All das kann einem Produkt wieder Aufschwung geben.

2. Preispolitik

Der Preis ist der Betrag, den du für dein Produkt oder deine Dienstleistung verlangst. Wie du diesen Preis festlegst ist allerdings etwas komplizierter. Du musst deine fixen und deine variablen Kosten decken, einen Umsatz erzielen und dich in einem Preissegment einordnen. Verlangst du einen hohen Preis für dein Produkt, kannst du dich als Luxusprodukt darstellen, kannst aber auf der anderen Seite überteuert wirken und Kunden vom Kauf abhalten. Bei einem niedrigen Preis ziehst du eventuell mehr Kunden an, wirkst aber vielleicht billig.

Wenn du Preise festgelegt hast, solltest du dir auch Gedanken über die Zahlungsbedingungen machen. Wenn du Rechnungen schreibst, solltest du ein Zahlungsziel festlegen. Auch Rabatte, Boni oder Skonto spielen hier eine Rolle. Das Grundprinzip des Marktes gilt aber auch hier: Angebot und Nachfrage bestimmen den Preis.

3. Distributionspolitik

Die Distribution sind die Vertriebswege, die du benutzen willst. Der Vertriebsweg ist der Weg, über den das Produkt an den Kunden kommt. Du kannst einen direkten oder einen indirekten Vertrieb nutzen. Beim direkten Vertrieb vertreibst du deine Ware selbst und beim indirekten Vertrieb wird dein Produkt über einen Zwischenhändler verkauft. Es gibt auch Mischformen aus beiden Wegen. Um den richtigen Weg zu finden, musst du dir überlegen, wie dein Produkt beschaffen ist, und wer deine Kunden sind. Die Lager- und Transportfähigkeit des Produktes sind wichtig, genau wie die Kundenzielgruppe und deren Kaufverhalten. Die Konkurrenz und deren Produktsortiment sollten auch beobachtet werden.

4. Kommunikationspolitik

Die Kommunikationspolitik ist die Werbung für dein Produkt und dein Start Up. Verkaufsfördernde Maßnahmen sind auch von Bedeutung. Messebesuche, Sponsoring oder andere Events, bei denen du dich präsentieren kannst, sind gut für dein Image und stellen dich gut dar. Einen Social Media Auftritt solltest du auch besitzen und ggf. Werbung im Internet schalten.

Ein Prinzip, das du bei einer Werbemaßnahme beherzigen solltest, ist das *AIDA-Modell*. AIDA steht für:

- Attention (Aufmerksamkeit)
- Interest (Interesse)
- Desire (Verlangen)
- Action (Aktion/Kauf)

Die Werbung sollte zu Anfang die Aufmerksamkeit (Attention) des Kunden auf sich ziehen und sein Interesse (Interest) wecken. Das Verlangen (Desire) nach dem Produkt wird ausgelöst und die Handlung zum Kauf (Action) sollte die Folge sein.

Förderungen

Da es nicht immer leicht ist das gesamte Startkapital selbst oder durch Investoren aufzubringen, sollte man die Angebote von Förderungen in Anspruch nehmen. Es gibt eine ganze Bandbreite an Förderungen, die vor allem vom Staat oder von Förderbanken kommen. Es gibt auch die Option, dass man anstatt monetärer Zuwendungen andere Angebote wie Bürgschaften, vergünstigte Kredite oder Zuschüsse bekommt. Es gibt ca. 2 000 Förderprogramme des Bunds, der Länder und der EU. Das Problem bei der großen Anzahl an Förderungen ist, dass man die richtige Förderung zum richtigen Zeitpunkt beantragen muss, dementsprechend den Papierkram rechtzeitig erledigen sollte und man muss die Förderungen natürlich im Blick haben.

Ein Zuschuss ist eine monetäre Leistung, die man für einen bestimmten Zweck bewilligt bekommt. Einen Zuschuss muss man nicht zurückzahlen. Einen Kredit muss man im Gegensatz zum Zuschuss zurückzahlen. Die Konditionen bei Förderkrediten sind allerdings in der Regel sehr günstig. Bürgschaftsbanken bieten für junge Unternehmen Bürgschaften an, und bieten ihnen so die Sicherheit und Reputation für Kreditbeantragungen, die sie sonst nicht hätten.

Ein Gründungszuschuss ist zweckgebunden und man kann ihn für diverse Angelegenheiten bei der Gründung eines Unternehmens beantragen. Bei der Gründung eines Start Ups aus der Arbeitslosigkeit bekommt man zum

Beispiel eine monatliche Zahlung, die den Lebensunterhalt in der Gründungsphase sicherstellt.

Einen ähnlichen Zuschuss gibt es für Existenzgründungen von Hochschulabsolventen. Einen Gründerberater kann man sich auch bezuschussen lassen. Der Berater steht einem mit Rat und Tat zur Seite und hilft einem bei den Aufstellungen deiner Business- und Finanzpläne und schlägt dir das weitere Vorgehen vor. Weitere zweckgebundene Förderungen sind Förderungen für Unternehmen in der Wachstumsphase, Förderungen für Unternehmen, die sich in einer schlechten wirtschaftlichen Lage befinden oder einen Nachfolger in der Geschäftsführung suchen und es gibt Förderungen für Unternehmen, die spezielle Zwecke wie Umweltschutz oder Nachhaltigkeit verfolgen.

Eine der bekanntesten Institute für Förderungen ist die Kreditanstalt für Wiederaufbau (KfW). Sie vergibt vor allem Förderdarlehen, auch Gründerkredite genannt. Der klassische Kredit für die Existenzgründung der KfW erfordert kein Eigenkapital und finanziert Investitionen und laufende Kosten bis zu fünf Jahre nach Gründung deines Start Ups. Der Höchstbetrag dieses Kredits liegt 125 000 Euro. Ein solcher Kredit von der KfW muss über die Hausbank beantragt werden. Neben der KfW gibt es in jedem Bundesland eine entsprechende Förderbank, die ähnliche Leistungen anbietet. Oft haben Gründerkredite eine tilgungsfreie Zeit. Das bedeutet, dass du in der Startphase den Kredit noch nicht abbezahlen musst.

Aber um eine Förderung in Anspruch zu nehmen, solltest du zuerst deinen Bedarf feststellen. Wofür benötigst du eine Förderung und wie hoch sollte die Förderung sein. Hast du das festgestellt, kannst du dich auf die Suche nach den passenden Angeboten machen. Natürlich kannst du auch so nach Förderungen recherchieren, die du noch nicht auf dem Schirm hattest. Hast du ein passendes Angebot gefunden, solltest du prüfen, ob du die Voraussetzungen erfüllst. Ist das geklärt, kannst du den Antrag für diese Förderung stellen. Wie genau das funktioniert hängt vom Anbieter und der spezifischen Förderung ab.

Im Internet gibt es viele Quellen, die dir passende Förderungen aufzeigen können. Die erste Anlaufstelle sollte aber die Förderdatenbank des Bunds, der Länder und der EU sein. Sie bietet einen Überblick über die staatlichen Förderungen, die du in Anspruch nehmen kannst und sie stellt Zusammenhänge dieser Förderungen dar und zeigt auf, wie du die verschiedenen Angebote bestmöglich verknüpfen kannst.

Es folgt ein kurzer Überblick über die wichtigsten Förderprogramme:

1. ERP Gründerkredit StartGeld

In der Planungsphase kannst du diesen Kredit in Anspruch nehmen. Es werden dir 100 000 Euro für die Gründung zur Verfügung gestellt. Du kannst diesen Kredit bis zu fünf Jahre nach der Gründung beantragen

2. ERP Kapital für Gründung

Dieser Kredit ist sehr ähnlich wie der erstgenannte. Es wird dir ein Kredit in Höhe von bis zu 500 000 Euro gewährt, den du bis zu drei Jahre nach der Gründung beantragen kannst.

3. ERP Gründerkredit Universell

Bei Unternehmensübernahmen oder innerhalb der ersten fünf Jahre nach der Gründung deines Start Ups kann dir hier ein Kredit von bis zu 25 Millionen Euro gewährt werden.

4. Gründungszuschuss

Der Gründungszuschuss ist ein Zuschuss, der die Gründung von Start Ups aus der Arbeitslosigkeit fördert. Der Betrag wird monatlich überwiesen und ist in der Höhe des Arbeitslosengelds und einer Pauschale für die Krankenversicherung.

5. AVGS – Aktivierungs- und Vermittlungsgutschein

Der AVGS ist ein Gutschein für eine kostenlose Gründerberatung für Gründer, die sich in der Arbeitslosigkeit befinden.

6. EXIST Gründerstipendium

Mit diesem Stipendium werden Unternehmensgründer unterstützt, die von Hochschulen kommen und technische oder wissenschaftliche Start Ups gründen möchten.

Generell solltest du die Angebote der Förderungen in Anspruch nehmen. Es ist schwierig, von Anfang an das nö-

tige Startkapital aufzubringen und deinen Lebensunterhalt in der Gründungsphase zu decken. Es ist zwar mit
Verwaltungs- und Organisationsaufwand verbunden,
aber es wird sich lohnen.

Finanzierungsmöglichkeiten

Beim Erstellen deines Geschäftsmodells hast du dir bereits Gedanken um die finanziellen Gegebenheiten gemacht, aber ein detailliertes Finanzierungskonzept sollte man sich dennoch erarbeiten. Du solltest dir klar machen, dass die Initialkosten bei der Gründung hoch sein können. Machst du keine ausführliche Finanzplanung, läufst du schnell auf die Gefahr hin, insolvent zu gehen. Die Kalkulation darf aber auch nicht zu knapp sein. Einen finanziellen Puffer solltest du auf jeden Fall mit einplanen.

Sollte dein Eigenkapital nicht ausreichen, gibt es die Möglichkeit, sich monetäre Unterstützung zu holen. Bei der Finanzplanung musst du deinen Kapitalbedarf festlegen. Die Initialkosten fließen hier mit ein, aber auch deine Lebensunterhaltskosten solltest du nicht vergessen. Du solltest also erst deinen Kapitalbedarf planen und dir dann überlegen, wie du die Finanzierung des Kapitals durchführst.

Die Gründung deines Start Ups bringt leider schon Kosten mit sich. Beratungen und Notarkosten oder die diversen Anmeldungen kosten Geld. Auch das Beschaffen von Lizenzen oder Fortbildungskosten können anfallen. Und, je nach Unternehmensform, musst du ein entsprechendes Startkapital aufbringen. Ist das Startkapital zu hoch, kann man den Kapitalbedarf senken, indem man z. B. versucht die laufenden Kosten wie Strom oder Versicherungen zu mindern.

Sucht man eine Räumlichkeit fallen Maklerkosten und Beschaffungskosten für das Inventar an. Solche Investitionen sind das sogenannte Anlagevermögen. Im Gegensatz dazu steht das Umlaufvermögen. Das Umlaufvermögen sind die Gegenstände, die kurzfristig veräußert werden sowie die liquiden Mittel (Bargeld, Geld auf dem Bankkonto).

Diese zwei Posten sind enorm wichtig für die Kapitalbedarfsplanung. Eventuell fallen Personalkosten oder Verwaltungskosten an. In der Regel ist es so, dass du in der Anlaufphase deines Start Ups noch keinen Gewinn erwirtschaftest. Es kann also schwierig werden, direkt alle Kosten zu decken. Entsprechend sollte man eine Vorfinanzierung in Betracht ziehen. Je nach Branche und Wirtschaftszweig dauert diese Phase vier bis sechs Monate.

Du hast wahrscheinlich die Erwartung, mit deinem Start Up Geld zu verdienen und willst im Besten Fall deinen Lebensstandard verbessern. In der ersten Phase der Gründung wird das leider etwas schwierig, also solltest du deine Lebensunterhaltskosten mit einplanen. Natürlich auch mit entsprechendem finanziellem Puffer, der unerwartete Kosten abdecken kann. Weiterhin solltest du die Kosten für deine eigene Immobilie, diverse private Versicherungen, Auto, Kosten für deine Hobbies oder Ratenverpflichtungen mit einbeziehen.

Du merkst, dass der Kapitalbedarfsplan für dein Start Up sehr wichtig ist. Essenzielle Inhalte für den Kapitalbedarfsplan sind:

- Beratungen
- Anmeldungen / Genehmigungen
- Eintrag ins Handelsregister
- Notar
- Sonstige vorgelagerte Kosten
- Personalkosten (inkl. Eigenes Gehalt, bzw. Unternehmerlohn)
- Leasing
- Miete / Pacht
- Werbung
- Vertrieb
- Betriebliche Steuern
- Versicherungen
- Reserve für Startphase
- Folgeinvestitionen und Unvorhergesehenes
- Lizenz-, Franchisegebühren etc.
- Grundstücke / Immobilien einschl. Nebenkosten
- Produktionsanlagen
- Maschinen, Werkzeuge
- Betriebs-, Geschäftsausstattung
- Fahrzeuge
- Material- und Warenlager,
- Roh-, Hilfs- und Betriebsstoffe
- Zinsen für Existenzgründungsdarlehen / Bankkredite
- Tilgung der Darlehensraten

Hast du alle Kosten aufgestellt, kannst du dir Gedanken machen, wie du diese Kosten finanzieren möchtest. Die Gründungskosten werden oft aus Eigen- und Fremdkapital gedeckt. Bei einer Finanzierung solltest du in deinem Kapitalbedarfsplan die Zinsen und Tilgungsraten nicht vergessen. Entscheidest du dich für eine Fremdfinanzierung, ist es zu empfehlen einen Finanzierungsplan zu erstellen. Dieser enthält Angaben über den Betrag, die Sicherheiten und die Art des Darlehens. Arten der Fremdfinanzierung sind staatliche Förderungen, Gründerkredite, Bankdarlehen, Investoren, Crowdfunding, regionale Gründerzuschüsse oder Stipendien für Gründer.

Das sind ein paar Möglichkeiten, wie du dein Start Up finanzieren kannst. Es gibt Förderungen, die für die Gründerberatung in Anspruch genommen werden können oder für die Startphase des Start Ups. Es gibt auch Förderungen, die Unternehmen in bestimmten Bereichen fördern, beispielsweise Umweltschutz. Mit Hilfe der Förderdatenbank des Bunds, der Länder und der EU oder ähnlichen Datenbanken, kann man diverse Förderungen finden. Weiteres zu Förderungen findest du im entsprechenden Kapitel.

Steuern

Steuern sind leider immer wieder ein leidiges Thema. Es gibt zwar Begünstigungen bei der Steuer für Start Ups, aber dennoch muss man Steuern zahlen. Die Rechtsform, die du für dein Start Up wählst, ist wichtig für die Bestimmung der Steuern, die du zahlen musst. Auch die Beteiligung von Geschäftspartnern und der Einstieg von Investoren sind steuerlich zu betrachten. Enorm wichtig ist auch die Umsatzsteuer, denn wenn sie nicht richtig beachtet wird, kann sie das ganze Betriebsergebnis verfälschen.

Die **Umsatzsteuer** macht in Deutschland ca. ein Drittel des gesamten Steueraufkommens aus. Produkte und Dienstleistungen werden mit einem regulären Steuersatz von 19% versteuert. Waren des Grundbedarfs, wie gewisse Lebensmittel, werden mit einem verminderten Steuersatz von 7% versteuert. Eingehende und ausgehende Rechnungen sollten den korrekten Umsatzsteuersatz vermerkt haben. Beim Erwerb von betriebsdienlichen Mitteln, kann man sich die Umsatzsteuer übrigens zurückholen. Ist man als Kleinunternehmer tätig, muss man keine Umsatzsteuer an das Finanzamt abführen, allerdings wird diese auch nicht erstattet. Eine Umsatzsteuererklärung ist nicht notwendig.

Die **Einkommensteuer** muss von jeder natürlichen Person bezahlt werden, die Einkünfte aus einem Gewerbe, einer selbständigen Tätigkeit oder aus Kapitalerträgen erzielt. Je nach Höhe der Einkünfte orientiert sich hier der Steuersatz.

Die **Gewerbesteuer** ist von den Erträgen abhängig, die man mit dem Betrieb seines Gewerbes erzielt. Dazu kommt ein Satz, der von der jeweiligen Gemeinde, in der sich der Betrieb befindet, festgelegt wird. Personengesellschaften (z. B. GbR, KG oder Freiberufler) haben einen Freibetrag für diese Steuer. Dieser Freibetrag liegt bei 24 500 Euro. Die Gewerbesteuer kann man auf die Einkommensteuer anrechnen.

Eine **Körperschaftssteuer** ist die Einkommensteuer der juristischen Personen. Der erzielte Gewinn wird mit 15% versteuert. Von dieser Steuer sind Kapitalgesellschaften wie die Gesellschaft mit beschränkter Haftung oder die Unternehmergesellschaft betroffen.

Bei der Beschäftigung von Mitarbeitern fällt eine **Lohnsteuer** an. **Kirchensteuer** muss ebenfalls gezahlt werden und die weiteren Kosten wie die diversen **Sozialversicherungen**, die bei den Mitarbeitern anfallen sollte man nicht vergessen. Diese anfallenden Kosten für einen Mitarbeiter fallen übrigens unter den Begriff Arbeitgeberbrutto.

Ebenfalls abhängig von der Rechtsform eines Start Ups ist die Abgabe der Steuererklärung. Diese richtet sich nach den genannten Steuern, die von den Unternehmen zu tragen sind. Auch die Art der Buchführung wird durch die Rechtsform bestimmt. Anhand der Buchführung bildet man die Basis für die zu zahlenden Steuern.

Beim Thema Steuern sollte man nicht auf den Rat eines Profis verzichten. Ein Steuerberater oder eine Steueragentur sind hier die passenden Ansprechpartner. Sie kennen sich mit dem Thema bestens aus und können dir sagen, welche Rechtsform du wählen solltest, welche Freibeträge es gibt und wie du deine Steuerzahlungen minimieren kannst. Die Steuern sollten kein Hindernis für den Erfolg deines Business werden.

Versicherungen

Bist du in einem Angestelltenverhältnis, übernimmt dein Arbeitgeber viele Versicherungen für dich. Wenn du selbständig bist, musst du dich aber selbst um diverse Versicherungen kümmern. In der Selbständigkeit hat man immer existenzbedrohliche Risiken und es ist sehr wichtig, sich gegen diese Gefahren abzusichern. Man sollte eine kleine Risikoanalyse durchführen. Dabei helfen folgende Fragen:

- Welche Risiken können auftreten?
- Wie hoch ist das Eintrittsrisiko?
- Was sind die Auswirkungen des Risikos?

Von vornherein sollte klar sein, dass der erste Schritt zur Risikominimierung immer die Prävention ist.

Bei der Gründung eines Start Ups solltest du zwei Arten der Versicherung beachten. Zum einen die betrieblichen Versicherungen und zum anderen die privaten Versicherungen. Die betrieblichen Versicherungen schützen dich und dein Unternehmen bei allem, was im Zuge deiner Geschäftstätigkeit passiert. Die privaten Versicherungen sind für dich als Privatperson wichtig. Einige der wichtigsten Versicherungen werden im Folgenden beschrieben.

1. Betriebs-/Berufshaftpflicht

Die Betriebs-, bzw. Berufshaftpflicht ist eine der wichtigsten Versicherungen für Unternehmen. Schäden können immer verursacht werden und Verletzungen können immer geschehen. Entstehen solche Schäden, wird das Unternehmen entsprechend in Haftung genommen.

Inwieweit du oder das Unternehmen haften, hängt von der Rechtsform ab. Aber die oben genannten Fälle werden von der Betriebs- oder Berufshaftpflicht abgedeckt. Der Unterschied zwischen den beiden Versicherungen liegt darin, dass die Betriebshaftpflicht den Betrieb, also das Unternehmen, schützt. Sach- und Personenschäden werden gedeckt. Die Berufshaftpflicht ist auf eine Person bezogen. Sie gilt in der Regel für Einzelunternehmer, Kleingewerbebetreibende, Freiberufler oder ähnliche Berufe. Sie deckt Schäden ab, die bei fehlerhaften Beratungen oder Dienstleistungen entstehen können. Schließt du eine solche Versicherung ab, musst du eine Deckungssumme angeben. Diese stellst du fest, indem du vom größtmöglichen Schadensfall ausgehst. Ist die Deckungssumme hoch, so steigt auch der Beitrag der Versicherung.

2. Vermögensschadenhaftpflicht

Bei einem finanziellen Verlust (Vermögensschaden) kommt diese Versicherung ins Spiel. Erbringst du eine Dienstleistung mit deinem Start Up, ist diese Versicherung sehr empfehlenswert. Bist du beratend tätig, entwickelst Programme oder erstellst Gutachten solltest du diese Versicherung auf jeden Fall abschließen. Entstehen Fehler bei der Dienstleistung, die du erbringst und dem Auftraggeber entsteht ein Schaden, kann der von dir Schadensersatz verlangen. Der Unterschied zur Betriebshaftpflicht liegt darin, dass Vermögensverluste abgesichert werden und der Unterschied zur Berufshaftpflicht liegt in der Höhe der Deckungssumme.

3. Betriebsunterbrechungsversicherung

Sollte der Fall eintreten, dass du deine Geschäftstätigkeit nicht weiter fortführen kannst, kannst du auch keinen Umsatz generieren. Die Betriebsunterbrechungsversicherung oder auch Ertragsausfallversicherung deckt diesen Fall ab. Sie entschädigt den verpassten Gewinn und die fortlaufenden Kosten, die entstehen, werden ebenfalls mit abgedeckt.

4. Firmenrechtsschutzversicherung

Die Firmenrechtsschutzversicherung übernimmt An-
walts- und Gerichtskosten im Fall eines Rechtsstreits. Sie
kann auch einen Rechtsvertreter bereitstellen. Bei kleine-
ren Startups ist das Risiko hoch, dass sie durch die Kosten
eines Rechtsstreits in der Insolvenz enden. Der Firmenrechtsschutzversicherung ist es übrigens egal, von wem
die Streitigkeit angefangen wurde (Kunde, Lieferant,
Mitarbeiter, etc.). Entstand ein Schaden durch eine vor-
sätzliche Handlung wird die Versicherung die Kosten
zwar vorher bezahlen, wird sie aber zurückverlangen.
Eine fahrlässige Handlung ist von der Firmenrechtsschutzversicherung allerdings abgedeckt.

5. Geschäftsinhaltversicherung

Eine Geschäftsinhaltversicherung kommt bei Schäden am Inventar zum Tragen. Bei entstandenen Schäden durch einen Brand, durch Unwetter, Einbruch oder Wasser wird oft der Neuwert der beschädigten Gegenstände ersetzt oder der Wert, den man zur Instandsetzung benötigt, wird erstattet. Diese Versicherung ist vor allem wichtig, wenn man ein großes Inventar hat. Ein volles Lager oder große Maschinen machen diese Versicherung empfehlenswert. Ist man Freiberufler im Home-Office benötigt man diese Versicherung nicht.

Nicht nur bei der Gründung deines Unternehmens solltest du dir Gedanken um deine Versicherungen machen. Die beschriebenen Versicherungen sind nur die betrieblich relevanten. Es gibt natürlich noch weitaus mehr. Und auch an deine private Absicherung solltest du denken. Krankenversicherung, Pflegeversicherung, Rentenversicherung, Berufsunfähigkeitsversicherung oder eine Unfallversicherung sind wichtig für dich als Existenzgründer. Du solltest regelmäßig deine Versicherungen überprüfen und vergleichen. Das musst du nicht selbst erledigen. Du kannst einen Versicherungsberater einschalten, der dir passende Versicherungen aufzeigt, deine Versicherungen verwaltet und die Kosten immer wieder vergleicht. Vor dem Abschließen einer Versicherung solltest du dir überlegen, ob diese spezielle Versicherung notwendig ist. Die Versicherungen benötigen eventuell Anpassungen, wenn sich dein Betriebsrisiko erhöht oder du deine betriebliche Tätigkeit erweiterst. Das ist dann im Vertrag entsprechend geregelt.

Anmeldungen und Genehmigungen

Die offizielle Gründung deines Start Ups erfolgt natürlich durch einige Anmeldungen. Das kann erst einmal abschreckend wirken, aber vieles ist nicht kompliziert.

Zuerst musst du überlegen, ob du gewisse Voraussetzungen erfüllen musst, um ein Start Up gründen zu können. In einigen Berufen ist es vorgeschrieben, dass man z. B. einen Meisterabschluss, eine Sachkundeprüfung oder beispielsweise eine Bescheinigung vom Gesundheitsamt benötigt. Jedes Bundesland stellt für Fragen zu diesen Voraussetzungen einen Einheitlichen Ansprechpartner (EAP) zur Verfügung.

Je nach Unternehmensform erwarten dich verschiedene Formalien. In der Regel ist eine Anmeldung beim Gewerbeamt erforderlich. Das ist kostengünstig und recht unkompliziert.

Vorher sollte man sich im Handelsregister angemeldet haben. Das Gewerbeamt kann dann auf die Daten zugreifen und Bescheinigungen und Nachweise anfordern. Ein Eintrag im Handelsregister erfolgt über das entsprechende Amtsgericht oder über einen Notar. Bei einer Insolvenz, einem Wechsel der Geschäftsführung oder einer Umfirmierung muss die Änderung mitgeteilt werden und der Eintrag im Handelsregister wird dann angepasst. Nach der Anmeldung beim Gewerbeamt, informiert dieses weitere zuständige Stellen, wie die Berufsgenossenschaft, das Finanzamt und die entsprechende Rechtsform.

Als Freiberufler ist eine Anmeldung beim Finanzamt ausreichend. Für jede Rechtsform gilt aber, dass man nach der Anmeldung beim Finanzamt eine Steuernummer und eine Umsatzsteuer-ID erhält, die man auf Rechnungen ausweisen muss.

Die Kammern sind Interessenvertretungen der jeweiligen Gewerbetreibenden, überwachen die Einhaltung der Berufsplichten, fördern berufliche Bildung und erstellen u. a. Gutachten. Meldet man sein Unternehmen beim Gewerbeamt an, wird man Mitglied der entsprechenden Kammer. Am bekanntesten sind die Industrie- und Handelskammer (IHK) und die Handwerkskammer (HWK). Es herrscht eine sogenannte Pflichtmitgliedschaft. Als Freiberufler muss man kein Gewerbe anmelden, deswegen gibt es auch keine Pflicht einer Kammer beizutreten. Allerdings gibt es auch freie Berufe, die kammerpflichtig sind, z. B. Ärzte, Apotheker oder Rechtsanwälte. Alle anderen freien Berufe können dennoch freiwillig einen Antrag auf Mitgliedschaft stellen.

Es kann sein, dass du, je nach Geschäftsidee Lizenzen, Rechte oder Konzessionen erwerben musst. Beim Franchising erwirbst du im Grunde das Recht, die Identität und Produkte eines großen erfolgreichen Unternehmens zu nutzen. Bei einer Konzession liegen die Rechte zum Vertrieb eines Produkts oder einer Marke bei dir. Beim Eröffnen eines Gastronomiebetriebs benötigst du eventuell eine Schanklizenz. Es ist möglich, dass bei gewissen Berufen ein polizeiliches Führungszeugnis verlangt werden kann.

Vier Wochen nach der Gründung deines Start Ups muss die Anmeldung bei der Berufsgenossenschaft erfolgt sein. Die Berufsgenossenschaften sind die Unfallversicherungen von Unternehmen. Auch bei Themen rund um Arbeitsschutz kann man ihren Rat in Anspruch nehmen. Die Berufsgenossenschaften überprüfen auch Arbeitsmittel, bieten Mitarbeiterschulungen an und erlassen Vorschriften. Je nach Branche ist eine andere Berufsgenossenschaft zuständig. Es gibt neun Berufsgenossenschaften in Deutschland. Weitere formelle Gegebenheiten, die man am besten vor der Gründung beachten sollte, sind die Suche nach einem passenden Steuerberater, die Suche nach einem Gründungsberater und nach einem Notar.

Zusammenfassung

Vielleicht hast du dieses Buch gekauft, weil du fest vorhattest ein Start Up zu gründen oder du hast erstmal versucht dir einen Überblick zu verschaffen. Hoffentlich bist du dir jetzt aber sicher, wohin dein Weg gehen soll. Beim Lesen hast du vielleicht weitere Ideen und Inspirationen erlangt, die dir hilfreich sein könnten. Es wird anfangs wahrscheinlich schwierig werden und der Initialaufwand scheint hoch zu sein, aber mit den vielen Beratungs- und Fördermöglichkeiten, die du in Anspruch nehmen kannst, kannst du guten Gewissens den Start in die Selbständigkeit wagen.

Du hast einigen Fakten über die Start Up-Landschaft in Deutschland und Vor- und Nachteile des selbständigen Arbeitens kennengelernt. Deine Persönlichkeit, deine Eigenschaften und deine Kompetenzen, die du mitbringen solltest, sind dir klar und du weißt, dass du dir weiteres nötiges Wissen immer aneignen kannst.

Dir ist auch bewusst, dass Selbstorganisation, Disziplin und Zeitmanagement wichtige Faktoren für deinen Erfolg sind. Die Entscheidung über eine Rechtsform für dein Start Up hast du bestimmt schon getroffen und du konntest deren Vorteile und Nachteile abwägen. Natürlich muss die gewählte Rechtsform auch zum Businessmodell, den Investoren und deinen Zielen passen.

Das Geschäftsmodell ist auf dein Produkt und deine Dienstleistung abgestimmt und weitere vorbereitende Maßnahmen wie das Networking oder die Namensfindung laufen bestimmt auch schon bei dir. Für deine Idee solltest du eine passende Zielgruppe gefunden haben und eine Analyse des Marktes solltest du auch durchgeführt haben, bevor du deinen Businessplan aufstellst.

Produkt-, Preis-, Distributions-, und Kommunikationspolitik sind keine Fremdwörter für dich und du weißt welche Arten der Förderung es gibt und wie du passende Förderungen für dich findest. Du weißt, wie du deinen Kapitalbedarf feststellst und welche Versicherungen du abschließen solltest. Auch die Steuern, die auf dich zukommen, sind dir bewusst. Am Ende weißt du, wie und wo du dein Start Up anmeldest. Das alles hast du in diesem Buch gelernt und jetzt liegt es an dir, dein Fachwissen in die Praxis umzusetzen und der Weg zu deinem eigenen Start Up kann beginnen.

Alles Gute und viel Erfolg!

„Es ist nicht zu wenig Zeit, die wir

haben, sondern es ist zu viel Zeit,

die wir nicht nutzen."

Lucius Annaeus Seneca
Römischer Philosoph, Dramatiker,
Naturforscher und Staatsmann

To-Do Liste

Persönliche Eigenschaften:

☐ Ich bin der Typ, um selbständig zu werden

☐ Eine Existenzgründung passt derzeit in mein Leben

☐ Ich kenne meine Motive

☐ Die Vor- und Nachteile sind mir bewusst

☐ Ich kenne meine Fähigkeiten

☐ Meine Defizite kann ich ausgleichen

☐ Ich habe eine Idee, mit der ich erfolgreich sein kann

☐ Ich stehe leidenschaftlich hinter meiner Idee

Beratung und Vorbereitung

- ☐ Ich habe einen Gründerberater gefunden

- ☐ Ich weiß, welche Rechtsform am besten passt

- ☐ Ich habe einen Steuerberater und einen Versiche-

  rungsberater

- ☐ Ein Notar steht mir zur Verfügung

- ☐ Ich habe ein berufliches Netzwerk

- ☐ Ein Standort für mein Start Up ist in Aussicht

- ☐ Den passenden Namen habe ich gefunden

- ☐ Ein Internetauftritt ist gesichert

- ☐ Ich habe das passende Geschäftsmodell gefunden

Planung

- ☐ Ich kenne meinen Kapitalbedarf

- ☐ Die Suche nach Investoren ist abgeschlossen

- ☐ Der Finanzplan ist aufgestellt

- ☐ Eine Marktanalyse wurde durchgeführt

- ☐ Meine Kundenzielgruppe steht fest

- ☐ Ich habe eine SWOT-Analyse, bzw. eine Risiko-
  bewertung durchgeführt

- ☐ Das Marketingkonzept steht fest

- ☐ Der Businessplan wurde geschrieben

- ☐ Ich habe Ziele gesetzt, die ich erreichen kann

Umsetzung:

- ☐ Ich habe die passenden Förderungen gefunden und beantragt (ggf. auch schon vor Gründung)

- ☐ Lizenzen, Markenrechte oder Ähnliches habe ich erworben

- ☐ Ich habe die passenden Anmeldungen durchgeführt (je nach Rechtsform):

    - ○ Finanzamt

    - ○ Gewerbeamt

    - ○ Handelsregister

    - ○ Kammer (z. B. IHK oder Handwerkskammer)

    - ○ Berufsgenossenschaft

- ☐ Die passenden Versicherungen wurden abgeschlossen

- ☐ Ich weiß, welche Steuererklärung ich abzugeben habe, bzw. welche Steuern fällig sind

Nach der Gründung:

- ☐ Ich beobachte den Markt weiter

- ☐ Kundenakquise findet statt

- ☐ Die passenden Beratungen laufen weiter

- ☐ Ich prüfe regelmäßig das Geschäftsrisiko

- ☐ Der Businessplan ist immer vor meinen Augen und er wird ggf. angepasst

- ☐ Die Finanzen habe ich unter Kontrolle

- ☐ Ich bleibe mit Leidenschaft bei der Sache und weiß, warum ich das mache

Schlusswort

Danke, dass du dich für mein Buch entschieden hast.

Ich würde mich über eine Bewertung freuen.

Bei Fragen oder Anregungen, Kontaktiere mich gerne per E-Mail an

onlinehandel.richter@gmail.com

Über den Autor

„Der Business Coach"

Georg Menser wurde 1986 in Berlin geboren, verbrachte seine Kindheit aber in Florida in den USA. Sein Vater lebte den „American Dream" und prägte seine Kinder damit stark. Georg Menser veröffentlicht als „Der Business Coach" Ratgeber rund um die Selbstständigkeit – er will sein Lebensgefühl, seine Erfahrungen und sein Wissen jedermann zugänglich machen. Menser gründete in den USA eigene Start-Ups und kam mit einer erfolgreichen Geschäftsidee 2015 zurück nach Deutschland. Heute lebt er mit seiner Familie in Hamburg und führt selbst mehrere Unternehmen. „Der Business Coach" sieht es als seine Berufung, junge UnternehmerInnen in Sachen Gründung und Persönlichkeitsentwicklung ganzheitlich zu coachen und langfristig zu begleiten.

Haftungsausschluss

Die Umsetzung aller enthaltenen Informationen, Anleitungen und Strategien dieses Werkes erfolgt auf eigenes Risiko. Für etwaige Schäden jeglicher Art kann der Autor aus keinem Rechtsgrund eine Haftung übernehmen. Für Schäden materieller oder ideeller Art, die durch die Nutzung oder Nichtnutzung der Informationen bzw. durch die Nutzung fehlerhafter und/oder unvollständiger Informationen verursacht wurden, sind Haftungsansprüche gegen den Autor grundsätzlich ausgeschlossen. Ausgeschlossen sind daher auch jegliche Rechts- und Schadensersatzansprüche. Dieses Werk wurde mit größter Sorgfalt nach bestem Wissen und Gewissen erarbeitet und niedergeschrieben. Für die Aktualität, Vollständigkeit und Qualität der Informationen übernimmt der Autor jedoch keinerlei Gewähr. Auch können Druckfehler und Falschinformationen nicht vollständig ausgeschlossen werden. Für fehlerhafte Angaben vom Autor kann keine juristische Verantwortung sowie Haftung in irgendeiner Form übernommen werden.

Urheberrecht

Impressum

Kontakt:

Julia Richter

Am Kabutzenhof 14

18057 Rostock

E-Mail: onlinehandel.richter@gmail.com

www.ingramcontent.com/pod-product-compliance
Lightning Source LLC
Chambersburg PA
CBHW070317240526

45467CB00045B/549